平安自在

慈悲心待人，时时有平安；
智慧心安己，处处得自在。

圣严法师◎著

法鼓文化编辑部——选编

编者序

新冠肺炎疫情造成全球生活失序，人人对未来充满不安全感，恢复平安自在的生活，成为了所有人的共同心愿，也真正感受到自己生活在世界一家的地球村。

平安就是最大的幸福，圣严法师说："为了平安，我们应当时时刻刻有危机的警觉，但不能变成恐惧感。危机感和恐惧感并不一样，在恐惧的状态中，很容易发生危险；但在危机感之中，对未来所可能发生的问题，都有所思考与准备，多一分准备，少一分危险，自然能够常保平安。"能未雨绸缪，随机应变，就能心安平安，和谐自在。

危机就是转机，因此因缘让大家可以一起思考：如何修复地球的健康？如何改变欲壑难填的不安生活？如何找回人与人间的关怀信赖？改变未来的关键就是现在，从心改变现在的生活态度与习惯，欲望少一点，幸福多一点。

二〇二一年法鼓山以"平安自在 —— 慈悲心待人，时时有平安；智慧心安己，处处得自在。"为年度主题，希望大家平安共度世界难关。法鼓文化编辑部特别从圣严法师的著作，精选关于四种环保的开示，从自安安人、利他互助、简单生活到环境保护，让大家能以全新的环保生活：心灵环保、礼仪环保、生活环保、自然环保，共同守护幸福世界和未来希望。

环保要从内心做起，首先以"心灵环保"的智慧安心，以心转境，面对逆境正面解读，处于顺境则逆向思考，从心改变命运。以"礼仪环保"的感恩尊重，互信互助，和谐相处，共建慈悲善解的社会。

以"生活环保"实现简单生活之道，即是幸福之道，培福有福。以"自然环保"种下一片人间净土，珍惜自然环境和物质资源，便是守护自己的美好生活世界。

内心能平安，生活就自在。生活愈简单，身心愈自在，地球愈健康，世界愈平安！

法鼓文化编辑部

目录

01

真正的平安

心安平安，和喜自在

　　我们常常要求别人跟我和，都希望别人对自己要公平、要合理，但这不太容易，所以还是要自己学着去跟人家和。大家都知道"家和万事兴"，但是有人说："没事就可以和，有事就不能和。"其实家人、朋友间不要老是讲公平、合理，要学着彼此各让一步，这样就可以和了。

天天"和喜自在"的方法

　　如何才能够天天"和喜自在"？第一、要经常保持身心的健康，随时运用佛法的观念和方法调整自己，与他人和谐相处，那么每天的生活就会如禅宗祖师所说的"日日是好日"。第二、要知足。能够生活、生存，健康地活下去，就是一件快乐的事，这就是"知足常乐"。第三、要发大悲愿心，不以身体的生命为终极目标，而是发无限的悲愿。佛说"虚空有尽，我愿无穷"，愿一切众生离苦得乐，多布施、做好事，时时心有法喜。第四、欢喜自己是佛教徒。

"和喜自在"主要是心和谐，心和谐才能喜悦，然后才会自在，这样环境就不会影响我们，相反地，我们还可以影响环境。要和乐才能欢喜，才会自在。

新年新希望

过年又叫过节，"节"的意义是什么？就像竹子一样，每通过一个阶段，就会长出新的一个节。"新年"的意思，并不只是过年这段时间叫作新年，而是表示新的一年开始了，不管去年过得怎么样，新年新希望。

"智慧财"与"功德财"

过年期间，大家见面都会说"恭喜发财"，发什么财呢？一是"智慧财"，一是"功德财"。多做好事，多给人方便，多念佛，这是功德财。在功德之中，其实也含有智慧。"智慧财"能够化解自己的烦恼，有智慧的人，有钱也欢喜，没有钱也欢喜。没有智慧的人，即使有钱也不会欢喜，那就很苦。人人都希望发财，但若失去快乐，那就没有意义。

圣严师父祝福你，你自己也要许一个新希望。想想今年要做什么？老人家也要许愿，在我们农禅寺、法鼓山有好多七、八十岁，甚或九十岁的老菩萨都在厨房拣菜、洗菜、种菜。每一个人都要许一个可以实践的愿望。世间人说"自助而后人助"，佛法说"种福而有福，培福就有福"。如何种福、培福？就要许愿，并且要确实地实践。

用佛法来安心

然而，人不可能一直都是顺利的，身体难免会生个小病，工作难免会碰到小阻碍，自然环境也会遇到小灾难，但是"心安就能平安"。首先要"未雨绸缪"，做好预防的工作；如果无法避免，就要保持心的平静，否则就会遭受双倍的损失与伤害。其次就是念阿弥陀佛、念观世音菩萨。当谁都无法帮助你时，至少观世音菩萨会帮你。

〈四众佛子共勉语〉最后二句是"处处观音菩萨，声声阿弥陀佛"。时时念佛，可以随时保持身心的安定，随时得到三宝的加持。平常要念，遇灾难时更要念。而且无论修行多久，都很有用。

娑婆世界的种种现象，是众生的共业。当人心安定了，就会觉得风调一些、雨顺些。

(摘自《法鼓山的方向：弘化·和喜自在贺新春》)

平安笺

"和喜自在"主要是心和谐，心和谐才能喜悦，然后才会自在，这样环境就不会影响我们，相反地，我们还可以影响环境。要和乐才能欢喜，才会自在。

危机感　希望心

　　我是一个平凡的人，是从非常艰困的环境中走出来，在我的人生过程中，顺利的事情很少，碰到的挫折却很多；幸运的不多，危机却常常有。但是一路走过来，如今已经七十岁了，也算是走出一条路来。

具备危机意识

　　常常有人问，我们这个人间可靠吗？安全有保障吗？事实上，不论有钱、没钱、有地位、没地位，人的差别只是在物质或工作职务上有高、低、好、坏之别，基本心态其实都是相同的，所处的环境也是类似的；因为只要是追求名利、权势、地位，终有不满足的时侯。

世间每一个人都在追求希望、追求平安。然而究竟什么才是平安？什么情况才是安全保障？有人因为工作升级、加薪，或是得到荣誉、赞叹时，而觉得满有成就感。但是这种成就感、满足感，只是暂时的，不是永久的，就如同肚子饿了，吃饱了便感到满足，可是，没有多久又会感到肚子饿。

因此，若想追求永远的安全、保障，希望有个靠山，于是以家族背景、权位、财富做靠山，终究都是不可靠的。俗话说"富不过三代"、"宦海浮沉"，都在说明世间事，常常起起落落，若一味追求平安，永远不可能得到平安的保障；追求满足，永远不可能达成满足的愿望。

其实，平安并不是个人自己可以选择的，但是小心却是绝对必要的，要有未雨绸缪的准备心理，自然而然就不会像无头苍蝇般到处求签、问卜，这些都只能得到短暂的安慰，甚至只是逃避问题。

自助人助，人助天助

为了平安，我们应当时时刻刻有危机的警觉，但不能变成恐惧感。危机感和恐惧感并不一样，在恐惧的状态中，很容易发生危险；但在危机感之中，对未来所可能发生的问题，都有所思考与准备，多一分准备，少一分危险，自然能够常保平安。只不过有了百分之百的充分准备，并不是表示就完全没有问题，很可能还会有危险的发生，但是因为已有周全的准备，当危机发生的时侯，有高度的应变能力，就不会恐惧、紧张、慌乱。

这就如同消防车、消防队等安全设备、单位，它们存在的目的，除了是消极的救火外，更积极的正面的作用，应该是提醒、警告大家，让大家具备危机意识。

很多人认为，法师们念经、持咒、主持法会，应该是最平安，最不会发生危险的。其实佛教的思想是"自助而人助，人助而天助"，并不仅仅靠念经、持咒、拜佛、祈祷，就能够免于灾难。

求佛、求神的目的，是为了调整自己的心态。当内心平衡，便会与自然调合，并与佛菩萨的心相应。这不但不迷信，更不神秘。因为只要有一个人内心稳定，环境中其他的人虽然情绪波动，也会渐渐地安定下来，人心安定了，环境就会安定，这就达到念经、拜佛、求佛菩萨加持的目的了。

可是我们这个世间往往很颠倒，遇到灾难、挫折、障碍，都说是别人有问题、环境有问题，把一切责任归咎于他人，仿佛跟自己一点关系都没有。如此不断你怨我、我恨你，你指责我、我批评你，产生种种冲突、矛盾、怨恨，永无宁日，这便离平安愈来愈远。

用智慧来处理危机

所以，当一个企业或团体发生问题时，必须诚心检讨，以"面对它、接受它、处理它、放下它"的态度来化解困难、度过危机。绝对不能逃避问题，否则只会更严重。而且要用智慧来处理，而不是用情绪来处理，智慧就是找到适当的人，用正确的方法，做最好的处理，然后放下执着得失心，以轻松的心态跨出新的一步。不要一直沉溺在失败、挫折、危机的阴影中，过着惊弓之鸟、风声鹤唳的日子。

总而言之，我们应当不断保持警觉心，但警觉心并不等于恐惧，遭遇各种利害、得失、安危等问题，都要能够勇于面对，接受事实，用智慧来处理，然后要放下、淡化。既已放下、淡化了，事情若处理得好，不会骄傲；处理得不适当，则会虚心检讨，重新出发、再往前走，如此，就能随时保持健康的身心，有了健康身心，不管在工作或与人相处，甚至个人独处时，都会是非常平安的。

（选自《文集》）

只要有一个人内心稳定，环境中其他的人虽然情绪波动，也会渐渐地安定下来，人心安定了，环境就会安定。

从心改变命和运

许多人遇到困扰或是障碍时，就会求神问卜、拜佛、许愿，然后听天由命。但究竟命运是什么东西？我的解释是：命运跟自己的过去和现在都有关系，再往下走的话，与我们从现在开始的所作所为也有关系。命运究竟操之于人，还是操之于己？在我认为，不在于神，不在于鬼，也不在于佛、菩萨，而是在于自己。

我们每一个人在出生以前，就带来了一些果报，也许是福报、也许是罪报，总称"业报"。业报有好的、也有不好的，从过去世带来的业报能不能改变，就看我们这一生的所作所为如何。所作所为的好或不好，都会影响后天的运。很多人希望摆一个八卦可以改运，或者是请人消灾可以改运，这些只能说在心理上好像有用，但事实上是不是这个样子，是有问题的。因此，我劝那些遇到困扰、问题的人要用智慧去处理，以自己现有的条件，能够怎么处理，就做最好的处理，不要老是在意自己的运如何如何。

有人改运时就只想到，大概是床铺摆错了，办公桌的方向摆错了，还有门的位置不对等等问题，这些想法是不是有道理呢？我不能说完全没有道理，但是不是从这些方向就能够把命运转过来？其实，转运要从心理上、观念上及行为上来改变，才是最可靠的。所以命运是可以改的，也是可以转的，但并不是一般人所认为的，透过一些外在的物质，例如说戴一串什么样的水晶或符咒，或是挂一个什么样的东西就可以改变，最重要的是心理上的建设。

观念转变，命运跟着转变

"命"是从过去到现在，乃至于跟未来的一个连结；而"运"是随时随地的变化，是可以操之在己的。也就是说，我们可以透过修行、努力，做一些改变。问题是：一般人想要做这样的改变，所运用的方法对不对？

其实，观念转变，命运就会跟着转变。因此遇到任何困扰、麻烦的事时，首先还是要想办法解决，另外可以转变一下观念；观念一转变，心就会变得开朗。如果老是盯着那个问题钻牛角尖往坏的方面想，逆境就出现了。这时可以想："我这个人就是需要逆境来磨，愈磨我愈坚强、愈健康。"如果朝这个方向思考，这个逆境就不会那么可怕，这个问题就不是那么严重；只怕不能够面对问题而退缩，你愈是退缩、害怕，问题会愈严重。

我想大多数的人都会想寻求外力的保护与协助，希望求得名人的指点，得到贵人的帮助，却没想到自己要怎么做。其实，最好的方式是改变自己的想法，一改变想法，贵人、助缘马上就会来。如果是自己挖空心思去找贵人，也许可以找到，但是会满辛苦的。

曾经有人去算命，命理师叫他们去找贵人，结果他就跑来找我，但我能够帮助他们什么？我仍是请他们转变观念，问题就解决了。其实，只要自己愿意去当别人的贵人，世界上就有很多贵人存在。

你愿意去面对时，会发现人人都是好人；你选择逃避时，则会让事情愈来愈扩大。所以，其实所谓的命好或不好，就看自己的心性好不好？如果愿意接受善知识、接近好人，命就会愈来愈好；如果接近不好的人，学的都是不好的事，当然命就会愈来愈差。

身心安定，好运自然来

命是无法完全算出来的。因此，有些算命先生会问你在哪里出生，因为地点也有影响。例如是南方的冬天或是北方的夏天，还是南方的夏天，都不大一样。所以，同年同月同时生的人，不一定有同样的命运，因为同一个时辰里又分了很多秒，秒里头还有不同的刹那、出生地点，不同的婴儿不可能睡在同一个床铺上。而出生时的各种环境条件对人都会有影响，变数很多，所以算命无法算到百分之百准确。

我算过好多次命，年轻时算过，中年以后也算过。有时不是我要算，是人家看到我的出生年月日的资料以后，主动来替我算。但是算我四十岁之前的命好像有点准，四十岁以后的命就算得不准了。可见，一个人的命运仍有很多变化的可能性。

你的身子不安，心也会不安；身心安定，你的命也会转好。如果毛毛躁躁，本来就好命的人也会倒霉，运也会变差。所以，还是先从内心做一点修养工夫，例如念佛或是打坐，做一些收摄的练习让心安定，命运也会跟着改变。有的人内心不安定，所以运气、事业也就跟着不顺利；如果心安定，就算环境再怎么不好，所谓时势造英雄，还是有他的机会出现。

所以，法鼓山提倡心灵环保，以心为主，万法唯心造、万物唯心变，如果你的心不安定，命再好也没有用，运势一定变坏，因此让心安定非常重要。平常可以多练习如何让自己的心安定，例如禅坐或不断自我提升，都可以稳定自己的心性。另外，许多人希望改运，它实际上跟因果有关系。有的人想知道自己将来会怎样，其实将来会怎样，要先问问自己现在做的是什么？未来的果就结在那个地方。所以，与其问未来会如何，还不如先问自己现在种什么因。

感恩珍惜，创造光明未来

如果你现在很倒霉，那是因为你过去一路走来，乃至于过去世所带来的果报。因此，改运主要还是要靠自己，不要怨天尤人。每个人都有过去所带来的果报，但最重要的是，你现在有没有力图改变或自我提升？它关乎着你的未来会是如何。

"说好话，做好事，转好运"，这是非常重要的，请大家多多响应，命运一定会好转。同时，我们对生命必须抱持一种珍惜和感恩的心，无论生活在什么样的环境或状况下，只要有生命就有许多机会。即使在非常困苦、艰难的状况下，也要觉得自己还有很大的希望。

如果能以这样的心态来看待生命，我们的命运往未来看，一定是光明的。否则，老是自艾自怨，觉得自己很倒霉、不幸，或是埋怨上帝惩罚自己等等，用这种心态来对待自己的生命，生命一定很糟糕，未来一定没有前程。

所以，一定要感恩自己有这个生命，而且要好好地珍惜它。未来的希望是无穷的，就像孟子曾说："天将降大任于斯人也，必先苦其心志，劳其筋骨，饿其体肤，空乏其身，行拂乱其所为。"并说明这些试炼都是为了"增益其所不能"。如果愿意把所有降

给你的挫折、打击、困难，都看成是给自己一个很好
的试炼机会——增益你所不能，增加自己更多能力的
话，一念之间的改变，命运也就会转过来了。

（摘自《不一样的生死观点·从心改变命和运》）

平安笺　万法唯心造、万物唯心变，如果你的心不安
定，命再好也没有用，运势一定变坏，因此
让心安定非常重要。

自信度过每一天

人生在世，常常会毫无缘由地在心里产生一种不平衡和不安全，茫茫然不知道何去何从？不知道该如何面对未来或现在？这就是恐惧和焦虑。

恐惧和焦虑的起因，多半是因为自信心不足，也就是因为不了解自己的条件、能力、位置和立场，所以对于未来充满着不安。例如出门的时候，心中老是挂念着会不会下雨？会不会被车子撞上？恐惧感始终在自己内心挥之不去，老是疑神疑鬼的。

有些人每次出门前，都会在神前求一张签或者掷筊杯；懂得紫微斗数或《易经》的人，则要排排八字、算算卦，才肯出门。像这样，在每天出门前都要准备，以祈求平安；晚上回来再谢谢神明或佛菩萨保佑一天的平安，那不就表示自己这一天的平安，是来自菩萨、神明或是祖宗的保佑，而不是自己能操纵的？因为没办法掌控自己，才会时时刻刻觉得身处在一种不安全的环境当中。

想要彻底消除心理上的焦虑和恐惧并不容易，《心经》曾提到："无有恐怖，远离颠倒梦想。"要远离恐怖，必须做到"五蕴皆空"才行。所谓五蕴皆空，就是把我们的身心世界通通都当作是空的。此时，我们身心世界的环境完全掌握在自己手上，就不用担心今天出门会不会发生事情；即使发生事情也无妨，因为没有恐惧和焦虑，就能时时刻刻活在平安之中。

然而想要掌握自己的身心世界，根本是不可能的事。因为我们的身体并不受我们的指挥，什么时候头痛或打喷嚏，我们都不知道。我们常常要别人保重，结果自己马上就打了一个喷嚏；希望别人不要感冒，结果自己反而感冒，这都是经常看到、发生的事。这也表示我们这个世界根本没有平安，真正平安的世界并不在我们这个地方，如何能够祈求平安呢？如果有可能的话，那一定得像佛菩萨一样，像观自在菩萨能够把色、受、想、行、识这五蕴的身心世界看空，因为唯有这个大智慧，才能够真正平安。

至于我们普通的人，如何能够平安？我就常常告诉自己，没有什么好怕的，因为怕也没有用。只能把想得到可能会发生的事，预先做准备，也就是所谓的"未雨绸缪"。不过，即使已经准备好了，都还可能会有突发状况出现，不是常常听到"跌破眼镜"或是"半路杀出一个程咬金"吗？这是形容一些自己预想不到的事，既然不是预想得到的事，怕也没有用。因为恐惧不但于事无补，而且还会令人疑神疑鬼、神经兮兮，这样一来，每天的日子可就难过了。

所以，对于无常的现实，只要能够未雨绸缪，尽量清楚明白自己的处境以后，就不要再把心力用在担心、害怕上。因为恐惧既然没有用，那又何必恐惧呢？

（选自《放下的幸福》）

做身心的主人

"心灵环保"以现在的名词来说，就是"心理的卫生与健康"；以佛教的专有名词来说，就是"修身、修心或修行"。修行分成三个部分，一要修正人的行为，二要修正身体的行为，三要修正心理的行为。很少人想到心理行为会需要修正，或者心理行为也可能犯罪，而认为人之所以犯罪、做坏事，大概是因为说了坏话。其实这三种行为虽是从语言或身体产生的，但其根源都在于心。

然而，我们的心究竟在哪里？心，可以说是一种精神、观念或意识。一个人如果观念、心理不正常，或在性格上闭塞、不健康，就会影响到他的语言和行为。有些人拥有双重、三重等所谓的多重人格，这都与心理有关；如果一个人有不同人格的表现，那么他内心的矛盾与冲突一定很多，身、心、口往往也会不由自己。所以如果心没有问题，就能做自己心、身体和语言的主人，也就不会产生"身不由己"的问题。因此，即使讲生活及自然环保，一定还是要从心开始。

从想法与观念着手

身体和语言的行为，可以靠别人来约束你，做了以后即使发现错误，也还有后悔的机会，但内心的念头就不一定了。因此要想做好心灵环保，需要有一些方法或观念来疏导。从方法上来说，要常常体验自己的心在做什么，反省自己刚才做了些什么，心里究竟想些什么。另外，有时间就多静坐，静坐时，头脑自然而然就比较沉淀，杂念妄想会渐渐减少。如果杂念妄想还是很多，也可以知道自己有哪一些杂念妄想；情感波动很大的人，比较难把心安定下来，往往忘记自己是谁，不知道自己在说什么、想什么，就需要常透过静坐来练习，学习静下来做自己的主人，所以静坐是一种很有用的方法。有静坐习惯的人，无论人格、心理都会比较平稳，不容易起伏波动。

另一方面，也要从观念上来纠正自己。发现犯错时，不要为自己脱罪、不要找借口、不要把自己伪装起来，最好是直接面对，从中了解自己是什么性格的人。当然，判断好坏要有个标准：凡是利人又利己的就是好的，利己不利人的就是不好的；若是害人又害己，那当然是最坏的。如果能做到这些反省工夫，加上利人利己的观念，应当就可以做好个人的"心灵环保"了。

污染的根源在人心

我们不要老是说现代人多么坏，其实古人也差不多。经典告诉我们，释迦牟尼佛时代的坏人也很多，与现代社会的比例相较，我想也不会太少。每一个时代都差不多，都有不好的人，也是因为有不好的人，所以才显现出佛陀的伟大。

人性的污染，一般人认为是环境造成的。例如孟母三迁的典故，孟母就是为了不让孟子受环境污染，所以搬了三个地方，最后才教育成功。这当然也对，但是这个例子让大家以为人性的污染完全肇因于环境，可是环境的污染，难道不也是人造成的吗？因此，不可以把责任全都推给无辜的环境。真正污染的根源在于人心，心本身是污染的，才使得环境被污染，因此我们才需要推动"心灵环保"。

这个讲法一般人可能比较不容易接受，因为许多教育家都认为环境、教育、感化都很重要，但那都是后天教育的。佛法认为，人心本来就是污染的，因为我们出生的时候，就带着烦恼而来，我们过去世有种种的业，带到这一生，就成为我们内心的烦恼，形成了喜、怒、哀、乐，贪瞋、愚痴、骄傲、嫉妒等种种心理。例如，有的小孩子很小就有嫉妒心、贪心、瞋心，这些都不是被教会的，而是与生俱来的。

因此要正本清源，须从内心的改善做起，学习把自己的心变成一个怎么染也染不上去的非导体，也要把本来的脏东西清理掉。因此从小就要教育，教导大家去除内心的脏与垢，等到所有污垢都排除以后，环境就没有办法污染我们了。

落实于生活的心灵环保

既然是"心灵环保"，那么如何落实在日常生活中，就变得非常重要。但也不要好高骛远，只要每天做一些自我检讨，加上静坐一段时间就可以了。如果没有时间静坐，只要在不用脑、不与人谈话的时候，就称念观音菩萨或是阿弥陀佛，其他宗教的信徒也可以念上帝或阿拉，此时是一个人的心灵与神的精神结合的时候，心里比较不容易产生坏的念头。

如果你没有任何信仰，也要有一种修养，看重自己身为一个人该有的责任；无论你扮演师长、父母、丈夫、妻子，都有各自的角色应该谨守的责任。如果有这样一个做人的标准在心中，心里大概就不会生出坏念头；即使有了坏念头，你也会马上调整，反思自身的角色与责任，此时不好的念头自然而然就会消失，这就是心灵环保。

（摘自《不一样的环保实践·心灵环保》）

将心灵环保推向世界

环保是备受全球关心的议题，然而，许多人在谈论环保时，只强调不要浪费自然资源、要重复使用自然资源，永保青山绿水的自然生态；可是如果人的价值观没有改变，人与宇宙的一体观不能建立，永远都只能头痛医头、脚痛医脚，不会完成环保的终极任务。

我们生存的地球环境，因为人类的过度开发与浪费，已造成自然资源的急速损耗，与生活环境的全面破坏。为了彻底、有效解决问题，环保工作应该先从内心做起，也就是倡导我所主张的"心灵环保"；否则虽然解决了某一些问题，却又会制造另外更多的问题。人的价值观如果不能从个人的扩大为全体的，从眼前的延展到永远的，环保是无法真正做好的。

　　人类总是自私的，都希望自己能够得到的多、享受的好，贪图眼前的利益。其实，除了自己之外，应该想想地球上的其他众生也有求生存的权利，包括全人类，以及一切动植物生存的权利，也应该多留一些自然资源给我们的后代子孙。我们应该透过广大久远的时空，来谋求利益的着眼点，应该和一切众生共同并且持久地享受地球上的资源。有一位印第安人的西雅图酋长比喻，大地是人类共同的母亲，所以我们在吸吮母乳之时，必须保护母体的健康。

　　如果我们经常有布施心、有照顾环境健康的心，以彼此奉献取代相互掠夺，以保护换取报酬，让当代全人类以及后代子孙、一切众生，都能过得平安快乐一点，我们自己的健康、平安、快乐才有保障，这就是心灵环保。唯有这样，才能真正落实环保工作。

　　更进一步说，如何落实心灵环保？可以用"慈悲没有敌人，智慧不起烦恼"两句话做为准则。也就是说，存慈悲心便不会制造敌人，如果能够把天下苍生都看成自己的亲友，就能够保护自己，也能够保护环境了，大家都能自保保人，大家都能少烦少恼，这便是落实心灵环保的境界了。

（摘自《人间世·将心灵环保推向世界》）

平安笺 | 以彼此奉献取代相互掠夺，以保护换取报酬，让当代全人类以及后代子孙、一切众生，都能过得平安快乐一点，我们自己的健康、平安、快乐才有保障，这就是心灵环保。

大悲心起

　　我首先要为我们全世界及全人类祈祷祝福，因为世界各地每年总会有一些天然的、人为的灾难，一些浮动和不安。这次法鼓山落成开山大典的主题"大悲心起"，便是希望我们每一个人，对于这块土地，要有慈悲心；希望我们每一个人，对于不同的族群，要有慈悲心；希望我们每一个人，对于任何人，不管是谁，都要有慈悲心。

　　慈悲心是什么意思？如果站在地球的立场来讲，便是爱护这块土地，并不是口说空话，而是实际保护土地不受破坏，能做到这点，自然灾害就可少一些，这便是环保。还有，人与人之间，多些慈悲心，也是环保。人的社会环境也需要保护，但是如果我们的心不安定，而说要发慈悲心，去爱土地、爱人，乃至于爱所有族群，是很难的，所以要自己的心先安定。

人的心怎么安定？面对逆境，要用正面解读；处于顺境，要逆向思考，这样我们的心就会安定。如果实在没办法定下心来，可以借助自己信仰宗教的祈祷方式，例如佛教徒持念"观世音菩萨"或〈大悲咒〉，以学习观世音菩萨的慈悲精神，为我们全人类祝福。

这次法鼓山落成大典，邀请世界各国的宗教领袖来台湾，我们一方面希望为台湾祝福，另一方面也希望为全人类祝福。过去各宗教之间，经常会说："你的宗教不好，而我的宗教才是最好。"我们提倡的则是："我的宗教最好，你的宗教也是最好。"不仅宗教如此，包括种族、文化问题，也是如此。如果每个地方、场合都能说："我的信仰最好，让我把信仰里最好的部分奉献出来；我也相信，你也会把信仰之中最珍贵的内容，同样地奉献给大家。"以这样的方式，一起为世界人类的和平祝福祈祷。

现在人类问题不出三类，第一是人的身心问题；第二是人与人互动产生的问题，小至家庭、社会，大至世界各种族、宗教的关系；第三是人与自然的问题。大家都觉得自然是外在环境，其实自然就是我们的身体，为此，每位宗教领袖莫不呼吁全世界，要把环境大地当成自己的身体，好好照顾、珍惜，才能减少自然灾难。现在很多自然灾难，都是缘于人为破坏。

为此，我们提倡四种环保，首先是"心灵环保"，让我们的心安定。第二"礼仪环保"，人跟人之间要和谐相处。第三"生活环保"，我们的生活日用品都是用自然资源，因此要爱惜自然资源，少用、重复使用自然资源。第四"自然环保"，少破坏自然资源。一般人破坏自然资源，大都是丢垃圾、制造垃圾，而工商业、大企业，或是政府错误的政策，则可能造成整体大自然环境的破坏。如果每个环节都能够照顾到，就能把自然环保做好了。法鼓山以这四种环保，为我们这个世界祝福。

（选自《致词》）

02

互助互信万事和

二十一世纪的礼仪与生活

　　人与人之间如果缺乏相敬如宾的礼仪，很容易发生冲突。尤其在语言上，本来是说着玩的、开玩笑的，如果当对方心情好的时候，开开玩笑可能没有问题；如果对方刚好心情不舒坦，你的一句玩笑，他就可能因此翻脸，引发摩擦、冲突，严重的话，双方可能还会反目成仇。所以，"礼仪环保"是非常重要的。

　　人类社会的人文要能进步，礼仪扮演非常重要的角色。相敬如宾的礼仪不只是在夫妻之间，同事、朋友、兄弟、姊妹之间应该如此，即使是不认识的人，也应该做到这点。

礼仪是和谐关系的基础

在过去的中国传统社会中，士大夫之间相当重视礼仪，但是反观现代的读书人，使用粗言粗语、粗鲁的动作，几乎已经习以为常。特别是议事殿堂中的各级民意代表，透过媒体，总是让我们看到一幕幕言语冲突、肢体暴力，一些行政长官用的语言也不是很文雅。

其实，这些都会造成社会的不安、人心的浮动；甚至可以说，人与人之间不和谐的主要因素之一，就是与礼仪有关，但是很多人轻忽了这些现象。

除了个人的礼仪之外，还有属于群体的礼仪。以台湾现阶段的情况来看，仍然有很多需要改善的地方。比如说结婚、祝寿或是丧葬的礼仪，多半是铺张、浪费的，很少有重视人的尊严、讲求人性的提升，更遑论具备教育的功能、文化传播的使命。

不过要做好"礼仪环保"，必须配合"心灵环保"，而且和"生活环保"也息息相关。如果能少制造垃圾的污染源，少浪费自然资源，就是落实生活环保的第一步了。

一般家庭垃圾量的多寡，通常和东西的使用量，以及使用习惯有很大的关系。由于现在物资很丰盛，很多人东西用了就丢，没有就买，买了就用；然后用了又丢，发现没有了又买……，就这样不停地制造垃圾。我有时候会想，如果我们继续照今天这个样子的垃圾制造量，五百年以后地球究竟是什么模样？地球会不会变成一个垃圾球？

从心灵改变才究竟

当务之急，我们除了应该积极地以科技的方法，解决垃圾过量的问题；同时，更要用人文的精神，提倡心灵及生活的环保，如此才可能真正解决问题。

不重视礼仪，不懂得惜福爱物，不珍惜地球环境，归根究柢，还是因为人的观念和心灵出了问题。法鼓山正在提倡"四种环保"——心灵环保、礼仪环保、生活环保、自然环保，并且以"心五四"来落实这四种环保，那就是"四安"——安心、安身、安家、安业；"四要"——需要、想要、能要、该要；"四它"——面对它、接受它、处理它、放下它；"四感"——感恩、感谢、感化、感动；"四福"——知福、惜福、培福、种福。这五个项目，每一项都有四点，所以称为"心五四"，这不是口号、标语、花招，而是二十一世纪的新生活主张。

（选自《文集》）

平安笺

人类社会的人文要能进步，礼仪扮演非常重要的角色。相敬如宾的礼仪不只是在夫妻之间，同事、朋友、兄弟、姊妹之间应该如此，即使是不认识的人，也应该做到这点。

自己转变，世界就改变

　　一般人都希望别人改变，希望环境适应我们；到任何地方、遇到任何人时，首先都会挑选一下：此环境是否适合居住、此人是否适合与我一起居住，很少人会想到该如何去适应这个环境、如何与环境里的人和谐相处。当你进入一个新环境，如果只想控制它、征服它，必定会破坏它，而原来的环境为了维护本身的平衡和稳定，便会产生反扑和抵抗，因而导致彼此的冲突，造成灾难。

　　我曾遇到一位男士，几乎每年都结婚一次，每次结婚都希望我为他祝福。他第一次结婚时来跟我说："师父，我找到一位理想中的配偶，请你替我祝福。"然而一年又一年，因为认为所选择的对象问题太多，不适合成为终身伴侣，结婚又离婚。到了第四年，他不再要我的祝福，因他认为自己适合做和尚。

"你这样是不适合做和尚的。如果你出家，我这个师父就成了你挑剔、批判、反抗的对象。"我告诉他，人与人间的相处，不能自我中心太强，需要彼此学习、互相适应和谅解；夫妻之间、朋友之间、在家人和在家人之间、出家人与出家人之间，都是如此。

"如果仅仅以自己的标准，去要求其他人来适应你，那一定不快乐；自己不快乐，和你相处的人也等于生活在地狱里。所以，自己先学习将观念改变，以后就不会再离婚了。"我跟他说。

过了两年，他又结婚了，直到现在都过得不错。他跟我说："终于娶到一个好妻子了！"事实上是他自己的心态改变了。每个人的本质其实都一样，只要你与人相处的观念转变，自己的态度转变，你的世界就会改变。我们提倡的人间净土，就是要从自己的想法、作法改变。当我们看到的、听到的、接触到的、感受到的世界是友善、可爱的话，那我们也一定会被其他人所乐意接受。如果能这样，你就是生活在自己营造的净土中。

人间成为净土，可能吗？

一般人只晓得禅是一种打坐的方法，其实禅是要我们用一种沉淀心境的方法，使我们回到自己的本来面目，也就是每个人的本质——安定、清净、智慧，以及慈悲的心。

多数人从小开始，就被自我中心的私心所蒙蔽，所以需透过禅修的观念和方法来帮助我们，于是佛教有无常、苦、无我、空等理论，还有基础佛教的数息观、不净观、念佛观等，以及中国禅宗的话头禅、默照禅等方法。

利用禅修的观念和方法，使我们了解自我的观念是混乱、矛盾的，了解我们一向使用的各种方法，都是头痛医头、脚痛医脚的模式。当我们进行了解和反省时，对自己所处的环境、所接触到的人，自然也会改变评价，这就是以"心灵环保"来建设人间净土的意思。

昨天我在一场心理学会议中做了演讲，会场有位心理医师跟我说："有的人很喜欢烦恼，如果没有麻烦事，便觉得无聊；因此认为有事让自己烦恼、痛苦，活下去才有意思。"诸位可能也有一些人是这样子的吧！事实上，未开悟的多数人都生活在自己制造的麻烦中，有人还认为这是一种成就、一种希望，是一种生命的价值、一种生活的着力点。

实际上，这样的人过得非常紧张、无奈，既不快乐也没有安全感，心灵似乎有所寄托，其实永远空虚。因为当你心里不舒服、不快乐、很苦闷、觉得有麻烦时，你所看到的环境就不会是美好的。所以，用禅修的观念和方法来调整你的想法和作法，即使环境不怎么美好，你还是会觉得生活在幸福之中。

所谓"净土"，就是生活环境中没有物质的污染、精神的污染、人为的污染，以及自然环境的污染。事实上，自然环境本身不会有污染，是因为有地震、风灾、水灾、旱灾等天然灾害发生，人们无法适应这种状况，而认为环境是恶劣的。其实这是自然现象，不是污染，会污染自然环境的，只有人类。例如：臭氧层的破洞，空气、土壤及水资源的污染，都是人类改变环境造成的祸患。如果人类的生活观念净化了，就不会接受精神环境的污染；生活态度净化了，就不会制造物质环境的污染。

在他方的佛国净土中，人的身体不会有生、老、病、死，人的内心也不会有烦恼痛苦。在我们这个地球世界的人间，会有成为净土的可能吗？

我们这个世间的人类，出生时就已经确定会有死亡，出生时也带着会致病的基因一起来，所以我们不求不死亡、不求不害病，要接受死亡以及会害病的事实，但也不要因此老是在忧虑、害怕、恐惧，抗拒疾病的纠缠及死亡的来临。只要面对疾病及死亡的事实，接受疾病和死亡的事实，珍惜生命、善用生命，来净化心灵、净化环境，这就是生活在净土中了。待人友善、可爱的话，那我们也一定会被其他人所乐意接受。如果能这样，你就是生活在自己营造的净土中。

不是问题，何必生气？

佛教思想中有四种净土：在天上的"天国净土"，例如：弥勒菩萨兜率陀天；在他方的"佛国净土"，例如：阿弥陀佛的极乐世界；而禅宗所说"自心净土"，则在你我心中，只要自心清净、了断烦恼，当下就在净土中。

第四种是我们目前提倡的"人间净土"。在你我尚未死亡之前，所生活的这个地球环境中，虽然会有天灾、人祸以及种种不如意事，但是如果我们能够想法改变、作法改变；能够少一些困扰、少制造一些让自己和他人受苦的原因，你我就是在"人间净土"里了。

佛法的运用和禅法的修行，就是要使我们能生活得更平安。生活得平安，内心就平安；心若不安，生活在任何环境中，都不会觉得平安。如果心不安，应该怎么办呢？例如：有人对你的批评是不正确的、是冤枉的，是故意要让你生气的，此时你该如何反应呢？

当有人骂你，你要想：这是他有烦恼，不一定是你的问题。如果确定不是你的问题，你又何必生气？如果确定是你的问题，你应当闻过而喜，要感谢他，岂能生气？

曾有一位先生，经常跟他的太太吵架。他跟我说："不是我要吵，我的心里没有问题，是因为太太老是要跟我吵；我跟她对吵，不是我有烦恼，只是一种本能的反应罢了！"请问：这位先生是不是懂得"心灵环保"？是不是生活在"人间净土"？是不是接受了禅修的观念、练习了禅修的方法呢？

请诸位一定要弄清楚：要让他人平安快乐，首先要让自己平安快乐；唯有他人平安快乐，自己才能真正地平安快乐。能够这样，心内外的环境，一定是和谐的，这样才算在做"心灵环保"，这样才能建设人间净土。

有时候人家跟你作对、结怨，也许你根本想不透到底是为了什么，但是你的心中一定要平静，切切不要他骂过来、你骂回去，运用资源来解决问题最要紧。

最后送给大家两句话：要以慈悲心来对待人，要用智慧心来处理事。当有人与你发生争执时，你不去回应，可能就会没事了；但如果每次遇到状况，你一味地不回应，也不一定是好办法。选择适当的时机及场合，以慈悲心来包容和原谅，用智慧心来处理和解套，否则你的人间净土里，可能就无法宁静了。

（摘自《禅的理论与实践·禅与人间净土》）

慈悲没有敌人，智慧不起烦恼

我们经常因为受到环境的影响而生气。曾经有人告诉我，有一次当他正在气头上时，因为忽然想起我说过的两句话："慈悲没有敌人，智慧不起烦恼。"心中怒火立刻就像被清凉的甘霖浇息了一样，同时也让他看到自己待人不够慈悲，没有智慧，所以觉得非常惭愧。

我之所以提出这两句话，是因为佛教本来就主张以慈悲度众生，既然要度众生，怎么还会有敌人呢？当一切众生都是自己要度化、结缘的对象，当然就不可能把他们视为敌人了。

"敌人"的意思是指彼此势不两立，不是你死，就是我活。譬如情场有情敌、商场有商敌、战场有军敌、政坛有政敌，甚至同事之间，有时候为了要争取较好的职位，彼此竞相表现，希望自己表现最好，其他的人不可以超越自己，而形成敌对的状态。这是人性中的劣根性，也可以说是弱点。

既然知道人性的这项弱点，就要调整自己待人处事的态度，首先要原谅人、同情人、包容人；也就是说，对于不如自己的人，应该包容；比自己好的人，则要向他学习。如果人与人之间能够彼此学习、互为师友，不但自己能够得到成长，对方也会成长。

可惜的是，很多人想不通这一点，无论如何想到的都是自己，不知道替别人着想，看到比自己好的人不放过他，不如自己的人更是欲除之而后快。如此，好的不要，坏的也不要，最后只剩下自己孤家寡人一个，这就是不慈悲，真正的慈悲是一体地对待别人。

慈悲的对象，除了慈悲别人，也要慈悲自己。因为不慈悲自己，会让自己很痛苦。例如，有的人不肯原谅自己，于是就伤害自己。其实做错事，改过就好，若是不断责罚自己，就会一直陷在痛苦之中，这就是对自己不慈悲了。对别人也是一样，如果态度不慈悲，可能就会一再地伤害他人。

"智慧不起烦恼"这句话，则是让人不起烦恼的方法。人在烦恼中纠缠可说是最痛苦的事，因为烦恼就好像是自己在整自己般愚蠢，想要化解，就要运用佛法的空观智慧，有了空观的智慧，烦恼自然就没有了。

如果说烦恼是黑暗，智慧就是明灯，当明灯照破黑暗时，黑暗就不见了，所谓"千年暗室，一灯即破"；其实，黑暗原本就不存在，只因为没有明灯，所以才会黑暗。同样地，烦恼本来是不存在的，只因为没有智慧，观念上还会颠倒错乱，才会产生冲突、矛盾和挣扎。

曾经有人类学家研究指出，人类最初都来自于非洲，且出于同一脉血源。如果从这个推论来看，正好与佛法所说"众生平等"的观点相通。不过人类是不是真的都出自同源，并不是重点，重点在于，人类的基本需求和基本心态都是相同的，也就是说，人性是相通的。

既然人的本性是相通的，人类彼此之间便应该守望相助、唇齿相依，能够这样想的话，不但对自己有益，对别人也有益；而对别人有益，便是对自己有益，这就是推己及人的结果，如此一来也就没有所谓的敌人了，没有敌人，就是智慧。

（选自《从心沟通》）

平安笺

对于不如自己的人，应该包容；比自己好的人，则要向他学习。如果人与人之间能够彼此学习、互为师友，不但自己能够得到成长，对方也会成长。

家和万事兴

　　每一个家庭都希望能够很幸福、和谐，可是，现在全世界的家庭，却在不安定、不安全的边缘。

　　所谓家庭，是指夫妇和父母、子女和兄弟姊妹的组合，大家生活在一起。

　　原本，家庭应该没什么问题才对。可是，这个时代社会的诱因很多，工作的流动率很高，同一个家庭的每一个人，都在主张要有自己的生活空间、生活方式、生活方向，问题就发生了。

　　男女结婚时，是为了爱而结合，很少能够看到彼此的差异在哪里。但是，结婚之后，就会发现他是他、你是你，夫妻两人各有所好、各有所需、各有所是，彼此就会有冲突矛盾、不平衡，慢慢地便演成家庭纠纷，甚至造成分居，然后离婚的结局。

　　也有人为了孩子，夫妻两人就一直忍、忍、忍，到了中年以后，想"算了啦，就这样子了"。可是，等孩子结婚后，原本有儿女的家庭不见了，只剩下夫妇两人。这时候，两人若能恢复互相照顾、关怀、体贴，那还是能够生活得很愉快。若是两人渐行渐远，就可能变成你做你的，我做我的；有些人在孩子离开家之后，夫妇也离婚了。

　　我在美国有一个中国女弟子，嫁给西方人，孩子读高中时，夫妻分居，后来就离婚了。离婚后，外国先生很快地再找到一个太太，这位中国太太很痛苦，她问我："怎么办？"

　　我说："你把精神寄托在宗教信仰上，或是培养一个兴趣，不一定要依赖先生或孩子。"

　　过一段时间后，她又来找我诉苦："我回家是一个人，出外是一个人，我在外边和在家都是一样的，我觉得家只是睡觉的地方，不是家。"

　　我说："这样的话，你还是需要找一个老伴啰！"

　　最近，她找到一个喜欢的人做她的老伴，他们住在一起，也没有准备要结婚，她问我："在佛教里，这样是不是不对？"

我说："如果你每天换男友，那是不行的，若你有个固定的伴侣生活在一起，没有第三者参与，应该不会造成社会问题及家庭问题。"

此类同居的方式，在东方社会中还不能被认同，在西方社会已是司空见惯了。

在这个时代，要把家庭维系好必须花一番心血。例如，要求儿女常伴左右就是没办法做到的事，他们会读书、工作，然后结婚，根本无法永远留在身边。所以，一个家庭还是以夫妻两人的相处最重要。

有一位企业家，太太过世后非常难过，虽然儿孙很孝顺，可是他觉得："儿女、媳妇毕竟不如老伴，老伴知道我想吃什么，什么时候要什么，什么时候不要什么，即使儿孙像二十四孝中的孝子般孝顺我，还是不如老伴。"

老伴很重要，但必须互相尊重、不吵架，才有意义。我认为，夫妇最好培养相同的信仰、相同的兴趣。一个人念佛，两个人都念佛；一个人诵经，两个人都诵经；一个人做义工，两个人都做义工，像这样的夫妇，生活、步调尽量一致，是最好不过了。

要保障家庭的温暖、温馨、和乐，建立佛化家庭是最好的办法。佛教讲智慧慈悲，当彼此要吵架时，就是没有慈悲；自己听了对方讲两句话就觉得烦恼，那是没有智慧。有智慧就应该化解气愤，有慈悲就能体谅对方，那还有什么好吵的？

　　夫妻两人不论在物质生活条件上如何，若在精神生活上能够互相体谅、关怀和尊敬，把对方当菩萨看，你们这个家庭就是人间净土了。

（选自《法鼓钟声》）

佛教讲智慧慈悲，当彼此要吵架时，就是没有慈悲；自己听了对方讲两句话就觉得烦恼，那是没有智慧。有智慧就应该化解气愤，有慈悲就能体谅对方。

如何与同事互相支持、分担？

我们人的两只手虽然各自独立，但是当需要双手同时拿东西时，左右手会自动互相支援；双脚也是一样，只有两只脚交错地走，才可以走得快、走得稳。

管理的原则首重互助合作，任何团体都是由一个一个单位组成的，但是彼此间仍要互相配合，就像双手双脚一样。需要沟通协调时，要主动积极，而不是被动等待，帮助人也要主动。但主动的人比较辛苦，因为一旦出了事，往往就被认为是多管闲事。所以，一般人由于怕受伤害、怕惹麻烦，往往抱着多一事不如省一事的想法，不愿采取主动。然而，这种想法是不正确的。

另外，部门间最忌讳单打独斗，如此不仅影响整体决策，有时也造成资源的浪费。当需要其他单位支

援时，可由主管先征询该部门主管的意见，是否能支
援人力、物资或其他协助。如果不能支援，能不能给
予意见？如果最后还不能给予任何支援时，就要再找
上层主管处理；若经协调、沟通、商量，还是有问题
发生，那就要自己负责了。

同事间也是一样，虽然各有各的职掌，但部门是
整体的，不能互不相干、互相对立。彼此间要互相支
援，才能灵活运用；即使帮不上忙，也要互相慰勉，
感觉每个人都是自己的后援支持者，才不会落入单打
独斗、孤立无援的境地。

在实际工作时，常有一种情形发生：有外面的人
或另一单位的人来询问你们单位的事，但因为不是你
负责的事，就马上推说不知道，该问谁不知道，怎么
办也说不知道，一问三不知。虽然不是你负责的事，
但是应当知道类似范围的工作是谁负责的，怎么可能
不知道呢？应该尽力为对方解决问题。

也曾见过单位与单位之间有这样一问三不知的情
形，当然可能还有另外一个原因，就是权责划分不清
楚，或是刚好没有人负责。如果是没有人负责，一定
要马上主动地承担，尽量解决问题。

就好像有人不在座位上，如果他的电话响了，你不肯帮忙接，很可能就耽误到业务；那么下次当你不在座位上而有紧急电话时，他也不会想要帮你接。像这样把工作执掌分得清清楚楚，就好像分配喝水的量，那一杯是他的，这一杯是我的，没有弹性变化的结果，彼此之间没有互动、没有支援，那这个团体就变成一滩死水。

彼此支援，是在尽义务，并不是抢别人的饭吃。别人做不完的，我们要帮忙做；即使有人工作品质差、工作效率慢，我们也要慈悲他、帮助他。连对外面的陌生人，我们都会帮忙了，更何况是在同一办公室的人，为什么不能支援一下呢？

虽然每个人都有自己本分的工作要先做，但看到同事有困难而不帮忙，那最后受损失的是整个团体。团体受损失，其实也是自己损失；反之，如果团体运作顺利，个人的工作品质、工作效率和工作量也会提高，无形中等于是帮了自己，也促进了彼此的和谐。"德不孤，必有邻"，你尽自己的伦理、责任努力工作，别人也会跟着这么做；你身处在和乐自在的团体，自己当然也得到好处。

在同一个部门里，每一成员都是部门的一部分，大家既然是同一个团队，就是一个生命共同体，而不是单独一个人。因此，当主管分配工作后，每个人都要尽力去做，也许你做得不是很好，但其他的人可以协助你；大家互相帮忙把工作做得更好，整个单位的品质就提升了，效率也提高了，不仅表现出对团体的支持，也会得到社会的肯定赞叹。

（选自《带着禅心去上班》）

平安笺

团体运作顺利，个人的工作品质、工作效率和工作量也会提高，无形中等于是帮了自己，也促进了彼此的和谐。

不只关怀，更要包容

　　"关怀"与"包容"很类似，但两者之间仍有很大的不同。"关怀"是指单向对别人付出关心，不一定能够包容；如果能进一步把心胸敞开、接受他人，才是"包容"。

　　包容，就是要为对方着想，设身处地地将他人当成自己来看待，也就是感同身受：当别人成功时，等于我自己成功，我愿意为他赞叹、欣赏、欢喜；当别人误会、批评、打击、折磨我，使我感到非常痛苦时，不但要谅解他，还要进一步为他设想。

　　我们也不妨设身处地为别人着想："他为什么会打击我、批评我呢？"可能他有他的立场、有他的原因，如果这些原因消失了，或许他便不会站在这样的立场，也不会再这样对付我了。例如，狗一定是为主人效忠的，所以狗在主人面前咬别人、吠别人时，都应该被谅解，因为它是不得已的，它一定要与主人站在同一阵线上。狗为了保护主人而吠人，并不表示这只狗是可恶的，而是它所站立场的缘故。

包容可以分成三个层次：

第一个层次，别人并没有打击或伤害你，只是对方能力比较强，如果你能欣赏他的长处，真心赞叹、尊敬对方，那就是包容。所谓"见贤思齐"，如果真能如此，你将来也会成为一个贤者。

第二个层次，对方站在敌对的立场，用明枪暗箭等方式来对付你，在这种情形下，要包容他自然比第一个层次还难。

第三个层次是最困难的。你对他无微不至地关心，但是他不仅不知感恩图报，还恩将仇报，在这种情形下还要包容对方，那的确是难上加难的事。

一般人大多只能做到第一个层次，第二个层次大概就很不容易了，更何况第三个层次。所以，真正的包容是相当不容易的，内心要接纳一个异己，就像眼里要容下一粒沙子般困难。所谓异己，就是立场与自己不同的人，或是竞争者。

　　一般人在彼此对立的情况下，或是遇到比自己更强劲的对手时，就算对方不一定会打击你，你也会因为对方让自己相形逊色，而有妒嫉、打击、中伤对方等排拒的反应。其实，如果能尊重、赞叹对方，反而能表现出"英雄惜英雄"的度量；只不过，要做到这样相当不简单。

　　包容虽然很难做到，但是包容对于净化心灵非常重要，如果能够包容他人，心量便能无限宽广，不再以自己的利益为主要考量。如果凡事都能为他人设想，自我中心就会少一点，也会少一点痛苦、少一点烦恼。所以，包容心不但是一种修养，对自己来说，也是一种智慧，更是一种享受。

　　　　　　　　　　　　　　　（选自《从心沟通》）

简单生活真自在

惜福有福的生活环保

  法鼓山一向注重环保，在"四种环保"之中有一项"生活环保"，呼吁每个人都能过着简朴、整洁、节约的生活。虽然用水、用电，甚至车辆使用的汽油，属于使用者付费行为，消费的人要付出代价；但是这些资源，却是整体人类的共有资产。如果一定要等到没有水喝，才知道水资源的可贵；没有天然气，才知道汽车代步不是必须；停电时，才想到冷气不是一整个夏天都需要，则为时已晚。现在全世界的沙漠化地区愈来愈多，热带雨林被严重破坏，而未来的雨天可能减少，旱季将相对增加；如此一来，平地水资源的蓄存就更困难了。此外，台湾原油产量不到用电量的百分之十，多半仰赖国外进口，因此大家更应该要有危机感。

媒体报导说，美国能源总署已提出警告：五年之内，地球可能面临能源危机，中国大陆因此大动作储油。储油固然也是因应危机的办法，但是节约用油，才是根本解决之道。现代人出门，有汽机车代步非常方便，有的人到十步、二十步路远的地方也要骑机车，其实多走几步路，或者骑脚踏车，一样可到。

过简单、简朴的生活，就是生活之中要随时想到：除了自己之外，地球上尚有六十五亿人口，他们也要生存。往未来看，世界人口会愈来愈增加，需要倚赖的地球资源也会相对提升。问题是地球资源有其限制，无法永续开发、永续使用，因此我们必须有所节制；一方面是替自己惜福，同时也让后代子孙有资源可享，这是生活伦理。

节约少浪费就是做环保生活

伦理是节约、少浪费，能不浪费就更好了。过去的人，出门走点路很正常，现代人一出门就要汽机车代步，说是为了争取时间，其实不一定，短距离的路程，快不了多少。我曾经做过试验，一人走路，一人骑脚踏车，一人骑摩托车，一人开车，四个人同时出发，到一里路外的地点集合；结果到达的时间，相差只有十多分钟。开车的人最先抵达，走路的人最慢，实际上这一里路，二十分钟之内就可以走到。

我到欧洲，看到德国人平时出外或者上班，都是利用大众运输工具，只有全家出门时才会开车。在假日，一家人大大小小，各骑脚踏车的画面经常可见。德国各主要都市，都设有自行车专用道，使用的人非常多；因此，德国柏林虽是欧洲主要大城之一，然而空气品质相当清新。台北现在也有脚踏车的专用道，但还不够普及，民众的接受度也有限，这还需要政府单位考量一套安全的配套措施，才能让民众放心骑脚踏车出门，为自己的健康，也为城市的健康，尽一分力量。

少垃圾少噪音也是环保

此外，在日常生活中要尽量少制造垃圾。现在台湾的资源回收，推动成效不错。以一般家庭而言，用过的纸类、瓶罐、宝特瓶、电器金属类，都可以回收；至于果皮、叶菜类、剩菜剩饭等，都可当成厨余，也有专门的厨余回收。

生活之中，还有一些废弃的建筑设备或者家具，如果直接往垃圾场一丢，那就变成了垃圾。其实，建筑的废弃物也可再利用，譬如加工可制成玩具、其他可用的物件，也就不是垃圾了。我看到某些人家为了重新装潢，就把建筑一拆当成废弃物，非常可惜。那些木料如果能够截长补短，制成另外的工具或玩具、建材，不是很好吗？能够使得废弃物再利用，也就是环保。

除了减少垃圾之外，生活伦理之中，也应该避免制造噪音。有些人嗓门大，动作粗暴，假日在家里，好像开运动会一般，各种声音当当响；或者小孩在公寓里跑来跑去，父母管教不来，索性放声斥骂。这些都是都市里经常存在的噪音。还有的人，喜欢养宠物，养猫、养狗、养鸟、养乌龟，甚至还有人养蛇、养蟾蜍；这些宠物所制造的排泄物异味和噪音，也是扰邻的主因。总之，因为自己的生活而制造的脏乱、噪音，进而干扰到邻居，就是生活伦理的欠缺。

（摘自《法鼓山的方向：理念·心六伦新生活》）

少欲知足真快乐

在我们的生活中，经常有很多快乐的感受。例如功成名就时，别人对我们的称赞；或是当生活安定，看着孩子一天天长大成人时，也会觉得很满足、很幸福。无论在家庭、事业或社会环境上，我们都会有许多快乐的想法或感受。生活中这些快乐的感受，的确不容否认，但如果仔细深究，却不难发现，我们的生命其实是苦乐交错的，而且苦多乐少。

时常我们所感受到的快乐，其实是忍受痛苦后的结果，而快乐本身，最后也会变成痛苦的原因。所以从佛法的观点来看，"乐"是"苦"的开始，通常也是"苦"的结果。例如辛辛苦苦工作、赚钱，努力了好长一段日子之后，再拿赚到的钱去吃喝玩乐，虽然享受到欢乐，时间却很短暂。而且如果过度地享乐，就像自己没有钱而向别人借钱一样，欠了债就要还债，这就是一种苦。这又像是做了犯法或是对不起别人的事，虽然一时之间可以享受一些便利，觉得很快乐，但是到最后却要连本带利偿还，这时候就苦不堪言了。

佛法认为，这个世界本来就是一个充满"苦"的环境，"乐"和"苦"是一体的，人间的欢乐仅是片段、偶尔、短暂地存在，而苦却如影随形。所以，当在这个苦的世界之中有一点乐的感受时，千万不要以为这就是永久的、可靠的。佛法进一步认为，既然这个世界，本来就是苦的，所以不妨多体认苦、勇于受苦，这样反而苦的比较少。如果只是享乐、享福，福享尽了之后，受的苦会更多。所以佛教有一种修行方法，就是"观受是苦"。

在一般人的生活中，如果想要生活得更自在、安乐，就必须做到两个基本原则："少欲"、"知足"。唯有少欲知足，我们才不会如饥似渴地追求各式各样的欲望，也才不会怨天尤人，埋怨外在的环境总是不如人意。

但是少欲知足的意义，并不是要我们放弃现实的生活。虽然自己要做到少欲知足，对他人仍然要努力地付出，奉献我们所有的智慧和能力。为了对别人付出，就要尽量成长自己，不仅要使身体健康、智慧增长，同时也要增强帮助别人的慈悲心。

一个拥有帮助别人慈悲心的人，就不会太过于重视自我欲望的满足，才能做到少欲知足，而拥有真正的快乐。

（选自《真正的快乐》）

平安笺

如果想要生活得更自在、安乐，就必须做到两个基本原则："少欲"、"知足"。唯有少欲知足，我们才不会如饥似渴地追求各式各样的欲望，也才不会怨天尤人，埋怨外在的环境总是不如人意。

需要与想要

　　想要和需要仅仅是一线之隔，有时候想要的，往往不是真的需要。的确，我想要很多东西，可是再仔细考虑一下，就不见得非要不可了。想要的东西得到了是很快乐，而要不到却很痛苦。比如说：我需要一顶帽子，也买了一顶帽子，这不是累赘。但是如果我看了人家的帽子都想要，一顶一顶地买，那么我就要想办法来保存这些帽子、照顾这些帽子，这就是累赘了。所以想要是一种痛苦的事，需要是一种快乐的事。需要并不是罪恶，想要可能也不是罪恶。如果说我想要，要到了以后，我同时也把它分享给需要的人，这是他人的需要，不是我的需要。我当然可以想要，但必须在该要、能要的前提之下。什么是该要？也就是理所当然的，应该得到的、分内的。比如说你的薪水，是不是能要？有很多人不考虑自己的能力、自己的职位，还有整个大环境的因缘。不许可我要，我还在要，这是一桩非常痛苦的事。

欲望取舍

我们讲人的问题，就是想要的太多，需要的并不是很多。如果想要的太多就会造成贪得无厌，而自己就变成了物质的奴隶，掉进痛苦的深渊里去。我举一个例子：曾经有一个太太带了很多钱去逛百货公司，她看到这个也想要，看到那个也想要，衣服、化妆品她样样都要。她想一想之后，因为曾经听到师父讲过，需要的不多，想要的太多，结果她一样东西也没有买，拿着钱就回家了。后来她把钱拿来做功德、做好事。她现在更高兴，因为第一她心里没有了负担，第二她做了好事，也觉得高兴。

感恩报恩

如果一个人知道感恩的话，他就会饮水思源。

能够饮水思源的人，就好像源头有活水，源源不断地来，永远不会枯竭。如果不知道感恩，我们叫作过河拆桥；过了河，桥拆了，把自己回头的路也断了。我每一次吃饭的时候，人家看到我会先合掌然后再吃饭，问我做什么？我说我在感谢。感谢什么？感谢施主们种稻、种菜。他们好辛苦，把稻种好之后，再布施到我这里来，我吃了当然要感谢。如何感谢呢？我想要报恩。如何报恩呢？那我就要奉献。这个感恩对自己是非常好的，为什么？第一，自己觉得来之不易，就会非常珍惜自己的福报。第二，要感恩图报的时候，自己必须努力成长自己，然后奉献给他人，这就是报恩了。所以知恩报恩，一定是要感恩的。

（摘自《佛法的知见与修行·大智慧过生活》）

不浪费的简朴美德

问："积谷防饥"是人类求生存之道，但若过度储藏又成囤积，该如何拿捏分寸？

答：俗话说："老鼠有隔宿之粮。"美国有一种体形很小的栗鼠，找到东西后会先含在嘴里不吃，然后找个树洞或挖个地洞将食物藏起来。另外，有一种蚂蚁会耕种，它们会找一些东西放在洞里培养出菌类，遇到天候不良不能出来觅食时，就靠这些菌类过活。动物如老鼠、蚂蚁都会存粮，我们人类应该也要懂得未雨绸缪。

无论是自己赚了钱也好，得到什么物质也好，都要预先储存一些。譬如家里平常储藏一些用品、食物，遇到大水灾、大地震、大风灾，断电、断水的时候，至少还能够吃个一、两天。否则什么也没有，或是今天吃明天的东西，寅吃卯粮的结果，一旦发生状况就束手无策了。

所以，人必须要储蓄以备不时之需，但是储蓄得过分，就变成"囤积"。囤积是错的，别人需要而无法得到，你却囤积而不使用，结果放到烂掉、坏掉，对自己也没有用，这就是浪费自己的福报。

问：现代人无论在食、衣、住、行方面，要求都愈来愈高。这样的生活是否容易造成浪费的习性？

答：资源有很多种类，一种是自然资源，一种是人类资源和社会资源。自然资源就是物质的材料，以及经由材料所制造的生产品。生产这些东西需要人力，再经由社会网络而流通。

什么叫作浪费？在这个场合、这个时间，你这个身分不应该、不需要使用这些东西，但你却使用了，那就叫作浪费。也就是说，不合理、不正当的消费就是浪费。

而我们需要的东西，就是投资的成本，必须评估成本的代价和其产生的功能、价值是不是成正比？是不是可以有利润？会不会对自然环境、社会环境，或对人类的资源造成损失？能不能有利于自然的永续发展，或增进社会的繁荣富裕和人与人之间品质的提升？这些问题都应该考虑进去，就是成本和所得到的相对价值。但若代价及成果只是有所平衡，那么也不应该做，因为仅仅是平衡还是不够的。

问： 人类为了一己之私，对大自然进行了许多改造工程，这对我们生存的大自然，有什么影响？会是一种浪费吗？

答： 如果这些工程能使得我们的社会、自然、人力都能够成长，那就不是浪费了。

什么是不浪费？不浪费，并不是说整天不吃饭、不用水、不用电；整天不用钱，那样就变成了一毛不拔，这并不是我们这个时代的观念。从今天这个社会，以及未来社会来看，第一个要考虑的是自然资源是不是能够永续经营？要做到用了它，它还是可以永续存在，是一件不容易的事。

另外，现代人所吃的牛、羊、猪、鸡、鸭、鹅等肉类，感觉好像吃不完，这是因为这些都是人工饲养、繁殖的。吃多少，繁殖多少，市场也就消费多少；消费愈多，生产就愈多。

生产得多，这对自然环境的影响是负面的。牛、羊、猪如果养殖控制不当，就会破坏自然，因为畜养的动物多了，它们的排泄物会污染环境，自然环境就会遭受破坏。而且现在饲料里面都含有化学成分，使这些肉类本身可能就含有化学成分。

此外，有许多商人在印尼、巴西亚马孙河等原始热带雨林从事过度开发。他们砍伐森林把木材拿去卖钱外，还将土地用来养牛。现在这些国家成了肉品的产地，可是却失去了雨林，整个自然生态也随之被破坏了。如果我们少吃一点牛肉，那就不需要砍伐那么多森林了。

根据统计，被用来饲养家畜、家禽的谷类量，远远超过人类实际食用的五、六倍；人为了享用肉类，反而间接消耗了更多的谷类。

由此可见，人工繁殖饲养对产能而言是增加，但是自然环境却被破坏了，而且产生污染。此外，人类使用杀虫剂、人工肥料来抗虫害和刺激土地生长力，导致一段时间后土地就得废耕。为什么呢？因为土地中毒了！土地毒性太强而没办法耕种，只好废耕。

如果不废耕，种出来的作物会含毒，长出来的草也不能吃；牛若是吃了毒草，生产出来的奶、肉都会有毒，那就不仅是污染环境，还危及人类的健康了。

虽然说科技发展能够保护地球，使得人类能生存在地球上的时间更长久，那也只是暂时的。因为现代科技也是加速地球破坏的主因，这是让我们非常忧心的事。而且许多人讲环保，只知道头痛医头、脚痛医脚，这个不可以做、那个不可以做，没有配套措施，没有整体计划。看到哪个地方出了问题，就立即停止不做，却没有去了解问题的症结究竟在哪里？

因此我们讲的心灵环保，是一个整体的环保，不仅解决当下的问题，还需考虑到可能的副作用与对地球的永续经营。虽然地球永续是不可能，但是可以让它存在得长久一点，不要让地球这么快就毁灭，这是我们人类应该做的事。

问：避免资源的浪费，除了因为地球上的资源有限之外，还有其他的原因吗？

答：很多人用餐的习惯，大概有三分之一以上是没有吃完的，这些东西被辛辛苦苦地生产出来，结果没有吃完就被丢掉。在美国，有很多流浪汉专门捡拾街头垃圾桶里面的东西来吃，这些并不是厨房里的厨余，而是路人吃不完的东西。譬如某人吃汉堡，一次要吃一个半，他就一定会买两个，另外半个吃不完就把它丢了，这就是浪费。美国有一些杂志曾讨论过这个问题，这种情形透露出一般人没有节省资源的观念，因此导致浪费。

在东方，华人讲求"年年有余"，如果客人把桌上的菜肴吃得盘底朝天，这对请客的主人来说是失礼的表现，好像主人准备的菜不够吃，这是个非常落伍、非常不环保的观念。现在我们推行"吃光光运动"，并不是要点很多菜来吃光，而是先酌量叫菜，叫来之后就要吃完，避免点了一堆，却因为口味不合而形成浪费。

这个世界上，有三分之一的人处在饥饿线上，却也有三分之一的人吃得太多，甚至是浪费，这实在是非常可惜。世界上人口最多的地方不在欧洲、不在美洲，而是亚洲、非洲等较不富裕的地区。就算是欧洲这么高度发展的地方，贫富程度也是相差很大，像俄罗斯、东欧等地区，他们的饮食比较差；而在西欧、中欧、南欧等地则食物充足。

　　台湾在亚洲国家中并不穷，但不要因此就以为台湾没有问题而不珍惜。而且台湾的物质资源非常少，地下矿产很少，生产的东西都靠加工、靠人的智慧去做。如果我们浪费成习、不知珍惜，特别是水资源、土地资源、空气资源，那么未来可能会面临很大的危机。

　　问：很多人都知道环保概念，但在遵守之余不免有所疑问："只有我这么做、只有我们这个家庭在做，能有多大的贡献呢？"

　　答：大家不要以为浪费一点东西和环境污染应该没有什么关系，要知道，一个人浪费一点、两个人浪费一点，十个人就浪费了很多；而今天浪费一点、明天浪费一点，十天就浪费了很多。

　　浪费实际上也就是破坏自然和污染自然，人类过度的贪求，必然会超出地球的负荷，不但浪费了资源，更会造成压力与破坏。所以，绝对不要忽视自己的力量，环保就是要从个人做起。

　　　　　　　（摘自《生死皆自在·如何从个人做好环保？》）

名利只是暂时拥有

一般人贪取的项目，不外是金钱、名位，然而这些东西有时是必须的，有时又是"不请自来"的，所以重点不在如何规避它们，而是要用正确的态度来看待它们。

以储蓄为例，如果有正当的目标计划，像是储蓄多少钱之后可以请一部《大藏经》，或是就可以设立奖学金帮助人求学，这些都是很好的立意，所以并不是贪。如果储蓄的目的，是为了累积财产以满足私欲，这就是贪了。

又如投资股票，我们常看到有人玩股票玩到倾家荡产。其实，以股票做为正常的投资并没什么不好，除非是将股票拿来投机炒作，那便是一种贪念，就是烦恼。

金钱就像水一样，需要常常地流动，流动的时候，不论多也好、少也好，都还是维持在一个整体中。所以当你投资股票时，只要想到这个钱放到股票里去，可以帮助社会经济资源的流通，如此，你赚了钱会高兴，赔掉了也不会痛苦。

如果你贪心大起，希望赚的钱愈来愈多，那么在投资的时候，你就会孤注一掷，把全部财力都投进去，结果反被股票套牢了，不得解脱。所以，一样的行为用不一样的观念与心态去执行时，会带给你不同的结果。

至于名位，最重要的是实至名归，否则会为了保有浪得的虚名而痛苦不堪。"名"不过是一项工具，因为有名自然就有社会地位，有社会地位就有能做的事业、能发挥的力量。有名位并不是坏事，但有名声、地位充其量只是"大家知道"而已，不要把名位当成自己。事实上，名位也不需要刻意追求，时机成熟时，它自然而然就会出现，因此也没有必要看得太重，患得患失。

有的人因为在电视上的曝光率比较高，变得有名了，所以就开始对名斤斤计较，怕自己又变回一个默默无闻的人。如果真的有一天电视上不再出现他的面孔时，他可能就会觉得社会遗弃了他，于是产生失落感，变成一种烦恼。

其实，个人的事迹会在报纸、电视上这一类大众媒体上被报导，并不代表什么，只是因为我们做了这些事，恰好被大家看到罢了。如果没有机会曝光，就表示时间、环境还没有因缘需要我公开出现，我可以在其他地方做其他的事。

所以，不论是金钱或名位都应该把它当成是暂时的拥有，而不要把它看成实质的东西，或当成是自己的代表，有也好、没有也好，都只是一时的因缘而已，这样就不会有痛苦烦恼了。

(选自《放下的幸福》)

04

珍惜美好净土

大地观

　　大地，就是我们的地球，也是我们生长的土地；大地，犹如我们的母亲。我们要体会大地的功德和恩惠，以及大地对我们的影响和功能；另外，也要进一步深思，我们究竟是怎么对待大地的？这跟感恩、惭愧、忏悔是息息相关的。

　　我们是由母亲生产出来的，而母亲、父亲是以什么来生产我们？是细胞。细胞又是如何构成？是物质体。物质的构成则是父母吃了食物而来，而所有的食物都是直接或间接从大地生产而来。在生产期间，还必须靠阳光、空气、水等等的功能，但主要还是因为有大地，才能够有生产的着力点，没有大地，就没有生产物。

大地是我们最大的恩人

我们的身体出生后，叫作"呱呱落地"，意味着我们一生下来就在地上。即使有人是出生在飞机上，但是飞机的材料还是从地上生产出来的，所以，我们从出生到死亡为止，都是在地上。我们每天都生活在大地上，没有大地，我们就无法存在。因此，大地是我们最大的恩人，大地对我们的恩德，是无法以言语来说明和比喻的。

可是，我们对大地又是什么态度呢？我们看到的是对大地的任意糟蹋、破坏与侮辱。我们从大地得到许许多多的生活资源，却把垃圾丢给大地；我们从大地取水、饮用、洗涤，然后再把脏的排泄物、用过的废水又还给了大地。我们对大地的态度，可以说是"恩将仇报"。

然而，大地从来没有说一声："你怎么糟蹋我？你怎么破坏我？"虽然现在有人提出警告："我们破坏了自然环境，会遭到大地的反扑。"其实，"大地的反扑"这句话是不公平的，是我们没有把自己的生活环境照顾好，自己糟蹋自己所造成的结果，大地不会将我们人类视为仇人而来报复我们。

这就像我们对着风扫地，扬起许多灰尘吹到自己的脸上，却还指责说："这些灰尘怎么污染了我的身体、我的面孔了？"这对灰尘是不公平的，灰尘并没有要污染我们，那是我们自己把灰尘扬起来以后，吹到脸上的结果。

我们周遭所有的一切，不管是动物、植物、矿物，都与大地连在一起。我们常说要心存感恩，感恩的对象是一切与我们生活有关的人和众生，但是我们却甚少想到这些都跟大地紧紧相连在一起。因为大地的关系，使我们人与人之间能够互通互容，并且共存共生。

大地正如菩萨的心

许多人只知道要拜佛菩萨，其实，只要体会到大地的精神、大地的恩德、大地的功能，我们就能体验到佛菩萨的心，因为佛菩萨的心与大地的心是相同的，只有奉献、付出，不会要求回馈。佛菩萨是无限地贡献、无限地来利益一切众生，是非常非常地伟大，但是很少有人想到要感谢他们、回馈他们。

我们的心是不是与佛菩萨能够相应？这端看我们平常在生命之中、生活之中对大地的体验如何？如果无法体验大地的恩德，而说要回馈恩人、感恩佛菩萨，这都是不真切的。

事实上，我们随时随地都可以报恩、感恩，我们对于大地的爱护，就是感恩；还有对于和大地相关的人、事、物给予关怀、照顾、爱护，也是一种感恩、回馈。很多人想到感恩时，一定要找到曾有恩于己的人，然后当面说句"我感谢你"，如此方式的感恩虽然好，却不够深切。因为当没有面对恩人时，很容易就忘失了感恩心。

如果我们常常体验到大地的功德，以及大地对我们的恩惠，那么眼前所见的一切人、一切事、一切物，无一不令人生起感恩心，随时随处都可以是感恩的对象。

当我们在礼拜时，虽然接触的可能是地板，而不是真正的地面，但还是要感恩、体验大地。因为不论地板是木头的、砖头的、还是水泥的地面，它本身就是从大地来的，都是大地的一部分。

我们经常用脚踩着大地，大地并没有对我们说：
"你侮辱我。"我们经常在地面上予取予求，大地并
没有对我们说："你怎么拿了我那么多东西？"大地
把我们当成是它的一部分，包容我们、宽待我们、接
受我们、爱护我们，无论我们如何对待它，它都不会
反扑。

它就像佛菩萨，或是伟大的父母、老师，或是
亲密的配偶、朋友，他们的付出是绝对没有条件的。
不是为了沽名钓誉，让你来予取予求；也不是虚张声
势，让你在它身上走。无论我们如何对不起大地，它
还是容恕我们、宽待我们，这就是大地的恩惠。

夜夜抱佛眠，朝朝还共起

因此，我们常说要感恩，究竟是感什么恩呢？凡
是大地众生都是我们的恩人。意思是说，大地本身就
承载着一切众生，而一切众生都是从大地所生产出来
的，所以一切大地的生产物，都是我们感恩的对象。
如果我们有对不起大地上任何一样东西，或是一个
人、一个众生，我们就是对不起大地。

俗话说："打狗要看主人。"若主人对你有恩有义，你就不忍心打他的狗。同样地，一切万物都是大地生出来的，可以说通通是大地的儿孙，既然大地对我们这么好，我们又怎么忍心对大地的儿孙有愤怒、瞋恨、嫉妒等不利的存心呢？否则就是忘恩负义、恩将仇报了。

如果我们这样观想，那么当下你就是一个菩萨，就是一尊佛，就跟大地的精神合而为一。所谓"夜夜抱佛眠，朝朝还共起"，乍听这句话好像很抽象，没有办法体会，但是当我们接触大地的时候，我们不可能没有感受。

当我们礼拜大地的时候，大地就在我们的面前，是身体所接触到的，面孔所碰到的，这就是大地，感觉是那么地亲切。通常我们会对自己亲爱的孩子、亲人，抱一抱他们，或亲一亲他们，感觉是多么地温馨。可是我们对于大地，从来没有想到过大地经常拥抱我们，也经常亲我们、关怀我们。

我们所穿的衣服、所用的家具，还有晚上睡觉的床铺、被子，一切的一切，全在大地的怀抱里，但是我们从来没有感觉到这是大地的恩惠。

所以，在礼拜大地的时候，要体会我们是不是对所有的人都当作是亲人、恩人般看待呢？不管是顺缘或逆缘，都是我们的恩人，因此可以说满眼所见都是恩人。这种精神虽然不容易体会，但是要常常练习，尤其在礼拜大地的时候，特别会体会到，我们处处都接触到恩人，也时时都在接受人家的恩惠。

如果不能体会，那就需要惭愧与忏悔，忏悔自己的心是那么地刚强、那么地顽劣。只要我们能够体会到大地有那么多的功德、那么多的恩惠，我们就会对周遭的人都感到好亲切，见到的时候，真想每一个人都抱他们一下，对他们说一声"我真谢谢你！"并真诚地为他们祝福。

这种感觉只有在打坐几天之后，当我们的心渐渐清净后才能体验到。在平常生活中，由于心地粗糙，很不容易体会大地的恩惠，好像大地跟我们没有什么关系。那就等于我们天天受恩惠，却不知道恩惠是什么？

其实，我们生命中的任何一部分都跟大地息息相关。听说到现在为止，太阳系里只有地球有空气，这可以说是大地对我们人类的伟大恩惠。

藉由对大地的礼拜，我们应体验到：在生命当中，恩惠来自于何处？并且时时刻刻抱着惭愧、忏悔、感恩的心对待大地，以及大地上的一切众生。

（选自《禅的理论与实践》）

平安笺

如果我们常常体验到大地的功德，以及大地对我们的恩惠，那么眼前所见的一切人、一切事、一切物，无一不令人生起感恩心，随时随处都可以是感恩的对象。

保护地球村

　　保护物质的自然环境，包括生态资源的保护以及物质资源的保存。所谓生态保护，包括对于所有野生动物以及植物的保护。

　　要将所有动、植物生存的环境，都看作是我们身体的一部分，没有这些动、植物，人类也无法单独生存。这些共同生活的生物环境，相互之间都有它自动、自然的调整作用，如果人为加以破坏，使自然生态环境失去平衡，也会为人类带来灾难。例如，扑杀麻雀，结果蝗虫一来，即酿成虫灾。麻雀固然吃米谷，但也吃虫，也帮人类避去了虫害。麻雀吃了农夫辛勤耕种的谷物，把麻雀扑杀，表面上看起来似乎是对的，但却因此破坏了生态环境的平衡，会为人类的生存带来灾难。又例如砍伐森林，目的在于增加耕地面积，扩大农民生产，不过一旦森林砍伐殆尽，一片童山濯濯，成为光秃秃的不毛之地，势必引起旱灾，亦引来水患。

台湾是个弹丸之地，如果任意破坏自然生态，我们很快便会受到报应。许多先进国家，例如美国、日本在国内讲环保，却到印尼、南美洲去砍伐原始森林，这是一件很愚蠢的事。我们这个世界，现在已经是"地球村"，彼此息息相关，声气相通，树木在本国和自己有关系，在南美洲、印尼，又何尝没有关系？

除了生态资源的保护，物质资源的保存也很重要，现在我们对物质资源的浪费，很快就会带来灾难；譬如，对石油及水资源的浪费，石油及水，有如人体的血液，如果将油料烧尽，地下水抽光，会为人类带来什么情况？后果或许会可怕地不堪想象！

目前，我们虽然生活在非常富裕的物质环境中，但是人类的健康状况却愈来愈坏，科学文明愈昌盛，人类的苦难并没有因此而减少，我们的快乐和幸福未必超越五千年前的老祖宗。

以佛教来说，佛教主张要爱护一切众生。因为爱护所有动物，所以不杀生；因为爱护所有物质，所以要惜福。对所有一切物质，都应该好好爱惜、好好运用，一用再用直到不能用为止，这样才能把我们的环境保护好。

佛法说，我们的身体是"正报"，生存的环境是"依报"，因为我们必须依靠环境而生存，所以叫作"依报"。如果我们继续不知节制地破坏、浪费而不加以爱惜，不仅我们的子孙无法享有这样的福报，我们自己的来生，也因此而无法往生净土了。

（摘自《福慧自在·第一讲　《金刚经》与心灵环保》）

平安笺　对所有一切物质，都应该好好爱惜、好好运用，一用再用直到不能用为止，这样才能把我们的环境保护好。

绿化大地·净化人间

一、青山绿水今何在

四十多年前，我在上海时，听过一首《阿里山风云》的主题曲〈高山青〉，歌里有两句歌词："高山常青，涧水常蓝。"描写当时台湾阿里山的风光。因此在我的印象中，宝岛台湾该是到处山青水绿。但是经过四、五十年，台湾环境渐渐恶化，乃为事实！阿里山流出的水，是否还是可以喝的，我不知道，许多的河流溪涧，均由于山坡地的农牧开垦及工业设施，严重地污染了水资源，这是事实！

日前，我在金山乡法鼓山，问三十多位参与禅修的社会菁英："五百年后我们再回地球访问，地球会是什么面貌？"大家各个失望地说："那时地球可能翻了一个身。""地球上可能已经没有山，连阿里山都不见了。""人口太多，把山铲平填海了。""山上树木都不见了。"但也有一位听众期望着说："五百年后世界会更美，会出现人间净土。"

这两种看法和想法，恰巧完全相反。诸位也请猜猜看，五百年后地球会是什么模样？会变得更坏，还是真有人间净土出现？今天我们如果不及时刹车或及时调整生活观念、调整生活方式，我相信，五百年后的地球，可能到处都是垃圾山，所有的人可能都会害着各种各样的怪疮怪病。

但是，如果我们及时回头，爱护环境，人间净土是可能出现的。以佛教徒的立场而言，只要努力，只要有心，未来不是不可以挽救的。我希望五百年后回到地球时，我们的子孙都已是生活在人间净土里。

二、现在菩萨未来佛

在佛教经典之中，将所有的生命分成两类：一是有情，二是无情。有情的生命是指动物世界；无情的生命包括植物和矿物。

在佛教徒来看，无论是动物世界、植物世界、矿物世界，都是我们身体的一部分。身体无法离开大环境，大环境便是身体的一部分，如果没有大环境，我们的身体就无法存在，而生存的环境，就包括了动物世界、植物世界、矿物世界。

佛经的《生经》中提到，所有的动物都可能是现在的菩萨、未来的佛。释迦牟尼佛在无量世以前，发菩提心之后，便一生又一生地在不同的众生群中广度众生。在不同的众生群里，他做过鹿、象、兔子、鸟及其他的种种动物。

因此，我们看到动物时，就应该想到，这些动物可能是发了菩萨心愿的未来佛，对待动物应该就像关怀、尊敬所有未来的佛一样。

但目前世间的动物世界，究竟如何？许多珍稀的野生动物，由于自然环境被人类文明破坏，已逐渐减少乃至灭种了。由于溪流、水塘、池沼、湖泊受到人为的污染，水鸟种类已慢慢少了。许多过去有的鱼，现在也不见了。不仅在台湾没有容身之地，在世界各地也都不容易找到栖身之所了。

就佛教徒的观点来看，森林等于是未来诸佛居住的世界。因此，当我们看到森林失火，就好像看到台北市或者是一个人口聚集的村落、都市，发生火灾一样。这是佛教徒对自然环境的认识和看法。

三、在水边林下修行

释迦牟尼佛就是出生在一个公园里的无忧树下，出家后在森林中修道，而释迦牟尼佛成道的地方也在一棵菩提树下，成道后说法、首次度化五个比丘弟子的地方叫鹿野苑，也是树林。佛陀也常鼓励比丘们，当以"日中食，树下宿"为精进的生活方式。水边林下，乃是修道的环境。

在清水边聆听淙淙水声，同时也欣赏水的清净及宁静的境界。林下指的就是树林之下。释迦牟尼成佛之时是在尼连禅河边上，成佛前则在河里洗了澡。在印度人的观念中，恒河的水是天上来的，能在水里洗澡，等于是受上天力量的滋润，而得到罪业清净。在印度古国王登基典礼中的灌顶仪式，就是以四大海水来浇头，说明国王已受到水的滋润与祝福，可见水和树林对印度民族的重要性。

还有，释迦牟尼佛成道以后，有好几个修道和弘扬佛法的道场都在树林里。其中有一个叫竹林精舍，就种满了竹子，甚至他在涅槃时，也是在两棵阔叶的娑罗树之间。

今天我们要考虑许多环保问题，我想就从法鼓山农禅寺推广起。不要多用纸张，就以吃饭用的餐巾纸为例，没有餐巾纸是不是照样可以过日子呢？我想还是可以的。

我曾看到报纸报导，台湾一个五口之家的家庭，一天用纸，包括卫生纸、包装纸……种种纸张，加上信箱中塞满的垃圾邮件，相当于用掉一棵树。台北市二百多万人口，那相当每天用掉约五十万棵树啊！

二十多年前，我去日本留学时，当时是以用纸量多少来衡量一个地方的文明程度。台湾由于印书、印报纸、包装纸的用量少，日本用量大，所以日本是先进国家。现在这个世界的观念应该倒过来了，用纸用得最多的地方，是最野蛮、最不知爱惜自然资源、制造脏乱最多的地方。现在日本已在减少用纸量，而台湾却还没有做。我要呼吁各家厂商，注重商品品质，减少包装用纸，商品包装愈朴素愈好。

过去在市场用草叶树的叶子来包菜，不会制造污染，而今天用的塑料袋是消化不掉的垃圾，如果说不能再用叶子来包菜，至少可用环保袋代替塑料袋。环保袋只要稍加清洗后便可继续使用。

我们也在推行用环保餐具，包括碗、盘、筷子、汤匙。现有的保丽龙餐具相当简便，用完就丢，但对我们的环境却造成非常大的破坏；我们用的环保餐具是不锈钢的，用完洗过还可以用，用一辈子都不会坏，还可以传给我们的后代。人家说佛教徒衣钵相承，我要把我的环保餐具也传给我的弟子。希望大家也都能响应，平常都带在身上，随时可以用。

四、水资源保护刻不容缓

我的家乡在江苏省常熟县，是所谓的鱼米之乡，水质非常好，水中可以养鱼、种莲藕、莳菱角等。但在五年前回到我的故乡一看，我俗家前后两条溪流，真是"绿水"常流，水是墨绿色的。里头已没有鱼虾，而住那里的亲人还是吃那溪里的水。

我问俗家哥哥，田里收成如何？他说："收成是以前的二至三倍。"事实上，是使用化学肥料及农药的结果，因此农作物的收成较好，但是农药也把河水染成墨绿色了。

台湾这个问题也很严重，以北投农禅寺为例，过去那儿的井水是可以喝的，现在受到邻近工厂污水、稻田肥料、农药的污染，已不能喝了。

记得小时候，我曾因用一大盆水洗脸，被师父责备，我不解："水那么多，为什么不能用？"师父告诉我："你现在不节省用水，旱季来临就没有水用了。再说，人的福报有一定的限量，你这一生带来的福报如果提早用完，就没有福了。就像饿鬼，有食物吃不到，有水不能喝，这就是因果报应，如果不知珍惜而浪费福报，下场会跟饿鬼一样。"

环保工作要从心灵做起，所谓心灵环保，就是打内心起彻底做环保，不只是呼吁大家少用点纸和水，多种几棵树……，还要从每个人的观念、信仰、习惯改变起。

佛法讲因果，讲福报，就是心灵的环保。所谓"因果"，是指我们所作所为与将来所得到的结果有关。也许是我们这一生，也许是我们的来生，也许是后代的子孙，总会受到果报。再从佛教信仰来看，我们要为来生的罪福着想。因此我们不仅要珍惜现有的福报，同时要为永远的来生，培植更多的福报。

培福的作法为何？无非是少浪费、多付出、多奉献。以用水为例子，当水不虞匮乏时就要节省用水，免得旱季来时饱受缺水之苦。

五、少欲知足·知足常乐

佛法要我们少欲知足，知足则常乐。物质的贪求是没有止境的，已经有了的，希望多一点，多了又希望更多。佛经对欲望的可怕，有一比喻，就像是口渴的人喝盐水一样，愈喝愈渴，愈渴愈喝，最后变成死路一条。物质生活不能没有，但要适可而止，要知足、要惜福。

少的希望多，多的又希望更多，自己这一生拥有的，又希望儿孙也能继续拥有，这并不是很坏的事。但是如果因为贪得无厌而浪费了自然资源，那不仅不能造福后代子孙，反而是加害于他们。

人间净土的推动，要从人的品质提升开始做起。

如何提升人的品质？就是要多奉献，少追求。人类在世间，就像是同一个鱼缸里的一群鱼，生存的环境是相同的，其中有一条鱼如果多撒点粪，自认为是别人受害，无损于自己，岂不是非常愚蠢的事？竟忘了自己也是身在其中！

(选自《禅的世界》)

平安笺　我们不仅要珍惜现有的福报，同时要为永远的来生，培植更多的福报。培福的作法为何？无非是少浪费、多付出、多奉献。

科技发展新视界

　　很多人以为科技和人文是两回事，其实，两者是密不可分的。回顾二十世纪的历史，科技文明发展突飞猛进，大幅改变现代人的物质环境，人类的生活品质因此提升，寿命更长，安全感获得满足。但它也带来了副作用，例如农药的发明污染了环境、破坏了生态，各式视听设备及机械改变了人们的作息。许多学者便指出了：科技的文明带来了社会问题，不只是污染大自然，更可怕的是人心的受损。

　　"科技"可以为善，也可以为恶，端看使用者的观念和目的。就以刀子为例，它可以用来医治救人，但也可做为犯罪的工具。而原子能可以造福人类，增进生活便利与福祉，但若制作成原子弹，便饱含毁灭的威胁性，祸患无穷。所以，在科技发展的同时，更需要的是人文的省思。

由于过去欠缺这方面的省思，导致产生许多副作用、后遗症。这里所指的后遗症，不仅仅是自然资源的浪费，还包括了社会环境的破坏，以及人心的浮夸、不安等。现在，我们不仅要承担起过去所遗留下来的问题，更要运用科技帮助人文发展，以人文精神处理科技留下的后遗症。至于如何让科技成为人文关怀的资源和人文关怀的工具，可以从环保方面来思考。

去年八月，我参加了在联合国举办的"世界宗教暨精神领袖和平高峰会"，会议中讨论一份由地球宪章委员会所提出的《地球宪章》（*Earth Charter*），希望各地人士讨论基本的伦理问题，并亲自奉献于地球的永续生存。这是有鉴于地球资源愈来愈少，而人口却愈来愈多。过去，只要能满足衣食住行就够了，现今，不但要重视人类的生存尊严，对地球环境的保护亦同样重要，所以提出了：社会环境要保护，人类的心灵同样不可忽略，地球上的人类、环境等要素已形成一个整体，要如何保护地球，应以"生命共同体"来考量。

　　过去，人们多半站在个人、族群、或国家的利益之上，导致纷争、战乱频传，人与人之间矛盾不断、族群与族群之间存在嫌隙、国家与国家之间互不兼容。这种缺乏整体感的现象到处可见，例如自己的居家环境是干干净净，但对于公共空间的脏乱却视若无睹，放大到国际间也是如此，可以在自己国内爱护森林，但却在隔了几个海洋之外的国度肆意地砍伐热带雨林！这种以邻为壑的后果是害人害己，因为恣意伐木的恶果是造成全球气候的异常、空气的恶化。

　　一般人讲到环保，马上会想到的是自然的环境和生活上的环保。但是，若人的观念不调整，光讲自然环保是不够的，所以多年前，法鼓山即已提出"四环运动"，亦即心灵环保、礼仪环保、生活环保与自然环保。因为唯有从心灵环保入手，才是究竟的。

　　若能在观念上稍做调整，就能扭转全盘。不要只是想到个人的，或者是一个族群、一个国家的利益，从宇宙人、地球人的观念出发，才能顾及整体的利益。展望未来，我们必须重新思考，把关怀的层面和角度，扩大到对整个人类社会和地球，这才是最根本的办法。

　　这也就是用人文的精神来指导科技的发展、用科技来关怀人文的最佳实践。我相信，当科技与人文之间能相辅相成时，整个地球人类会更有整体感，也许在未来五十年之内，还存有国家、民族与文化的观念，但是在互相沟通时，已不需要护照与地域的身分标帜，地球共同体将会出现，在这样的时空中，科技是人类共同的文化，也是共有的智慧财产。

　　凡事都要能从小处着手，往大处着眼，为整体的人类着想，这不是唱高调，是应该身体力行的。同时，我们也要立足于台湾，关怀整个世界。因为仅仅是想到台湾，而不考虑整体世界的平安和谐，那是没有路可走的；而只是心系全世界，没有照顾到本土的需求，也是空谈。二十一世纪，每个人都要有"立足于本土，放眼于世界；立足于现在，放眼于未来"的心胸。如此一来，科技的发展就能带领人类往更善、更美的地方前进。

（选自《文集》）

种下一片人间净土

　　人类居住在地球上一定要顺应自然环境，才能生生不息，不能用太多人为因素来控制自然，因为人类实际上是无法控制自然的。或许表面看起来，人类有能力控制部分自然现象，但是一旦控制某一项后，会发现在其他方面产生破坏，因此看起来似乎是控制了自然，实际上是破坏了自然循环，增加地球毁灭的速度。

　　所以我非常忧心，现代人强调"人定胜天"，但是人怎么能够胜天呢？人应该顺天、顺从自然的发展，但是完全生活在原始的自然环境也不对，而要用智慧来适应自然，与自然融合，使大地更繁荣、生生不息。

　　天地万物本身是自然循环的，如果破坏或控制其中一项，就会破坏这个循环而发生问题，唯有顺应自然才是上策。例如人类为了控制某一种生物的发展，一定会使食物链产生问题；如果不控制，大自然反而会自己做调节。

我听过一位环保学者说："人都以为自己很了不起，但是从地球的生态来看，人类是地球的癌细胞。"想想也没有错，最近的气候异常及各种大自然的破坏，都是人为造成的，所以人类真的要好好重新思考生活与消费的习惯。如果人类的观念能改变，那就不是有毒的癌细胞，而是舒服自然的好细胞了。所以，我们要将那些像是癌细胞的观念与行为，转化成健康的细胞，才能与世界和平共存。

（摘自《不一样的环保实践·种下一片人间净土》）

人间净土 3

平安自在——

慈悲心待人，时时有平安；智慧心安己，处处得自在。

Peace and Ease
Treating others compassionately, you're at peace at all times.
Treating yourself wisely, you're carefree wherever you go.

著者	圣严法师
选编	法鼓文化编辑部
出版	法鼓文化
总监	释果贤
总编辑	陈重光
责任编辑	张翠娟、李金瑛
封面设计	化外设计
内页美编	小工
地址	台北市北投区公馆路186号5楼
电话	(02)2893-4646
传真	(02)2896-0731
网址	http://www.ddc.com.tw
E-mail	market@ddc.com.tw
读者服务专线	(02)2896-1600
简体版初版一刷	2021年1月
建议售价	新台币120元
邮拨账号	50013371
户名	财团法人法鼓山文教基金会—法鼓文化
北美经销处	纽约东初禅寺
	Chan Meditation Center (New York, USA)
	Tel: (718)592-6593 Fax: (718)592-0717

法鼓文化

国家图书馆出版品预行编目(CIP)资料

平安自在：慈悲心待人，时时有平安；智慧心安己，
    处处得自在。 / 圣严法师著. -- 初版. -- 台北
市：法鼓文化,2021.01
    面； 公分
    简体字版
    正体题名：平安自在：慈悲心待人，時時有平安；智
慧心安己，處處得自在。

    ISBN 978-957-598-875-3 (平装)

    1.佛教修持 2.生活指导

225.87   109016973